Juan Luis Lucendo Patiño

La Casa de Betania

Un siglo de las Cooperadoras de Betania

Juan Luis Lucendo Patiño

LA CASA
DE BETANIA

Un siglo de las Cooperadoras de Betania

bubok
EDITORIAL

© Juan Luis Lucendo Patiño
© La Casa de Betania

Junio, 2025

ISBN Libro en papel con solapas: 978-84-685-8959-6
Depósito legal: M-14827-2025

Editado por Bubok Publishing S.L.
equipo@bubok.com
Tel: 912904490
Paseo de las Delicias, 23
28045 Madrid

A mi familia, sin la cual yo no sería nada.
A las religiosas Cooperadoras de Betania,
y a todos los que dedican su vida a ayudar a los demás.

Contenido

Prólogo

Celebrar el centenario de una institución siempre es motivo de júbilo, pues se reconoce y se percibe la consolidación de esa fundación, que a pesar de los años y de las posibles crisis ha logrado subsistir en el tiempo, cumpliendo su cometido original.

En este contexto nos encontramos celebrando el centenario de la fundación de la Congregación de Cooperadoras de Betania, que nació modestamente en Valencia el 10 de mayo de 1925, por iniciativa del venerable sacerdote don Pedro García Cerdán, para atender las necesidades que percibía en las parroquias rurales y en los sacerdotes que las atendían.

Además, unido a ese centenario, hemos de recordar que el pasado 2024 se cumplieron 75 años de su llegada a Miguel Esteban.

Ambos aniversarios no queremos que pasen desapercibidos en nuestro pueblo, puesto que han sido muchas las generaciones de migueletes que pasaron por las aulas de su convento.

Y reconocer así que la entrega y servicio a nuestro pueblo, por parte de las hermanas cooperadoras, ha sido una forma de afianzar la fe en todas las familias, a través de esa misión evangelizadora y educadora.

Y qué mejor forma de celebrar estas efemérides que haciendo memoria de estos años.

Por eso el autor de estas páginas, Juan Luis Lucendo Patiño, se ha esforzado en recopilar todo el material que ha llegado a sus manos. Y con gran veneración, cariño y admiración hacia las Hermanas Cooperadoras de Betania, de ayer y de hoy, ha logrado exponerlo de manera ordenada y amena.

Con este breve trabajo de investigación, podrán quizá muchos recordar personas y acontecimientos olvidados o casi borrados de la memoria, pero que marcaron la vida y el devenir de los migueletes.

También debe servirnos para agradecer a Dios y valorar de manera global el trabajo y la entrega de muchas religiosas anónimas y desconocidas, que dan su vida en tantos pueblos diseminados por el mundo, siendo su ejemplo de vida un testimonio de esperanza y caridad, para seguir rescatando al hombre de sus pobrezas materiales y espirituales.

Sea, por tanto, este pequeño estudio que hoy tienes en tus manos un homenaje de reconocimiento y gratitud hacia nuestra querida y estimada Congregación de Cooperadoras de Betania.

JUAN ANTONIO LÓPEZ PEREIRA.
Cura párroco de Miguel Esteban.

Presentación

Nuestra congregación de Cooperadoras de Betania ha cumplido un centenario de vida, el 10 de mayo de este año 2025, y en este marco de celebración por tan grande acontecimiento ha surgido, como una acción de gracias y reconocimiento, este libro, memoria de toda una vida en una porción de Betania: la comunidad de Miguel Esteban, Toledo.

Una acción de gracias a Dios por estos cien años de la congregación, por su infinito amor y fidelidad para con nosotras, porque es su fidelidad en el amor lo que nos ha mantenido y permitido llegar hasta hoy. Acción de gracias a Dios también por la comunidad que se encuentra en esas tierras toledanas, por tantas y cada hermana migueleta que ha sido y es parte de la congregación y que han hecho que la obra cumpliera y cumpla los designios de Dios.

A todas ellas nuestro agradecimiento hasta el cielo, y hasta la Betania de Quart de Poblet a hna. María Gloria, la única que hoy todavía se encuentra entre nosotras. Gracias por su sí a Dios cuando sintieron la llamada del Señor, gracias porque con su vida y ejemplo nos han enseñado, a las que venimos detrás de ellas, a vivir una entrega al Señor con generosidad.

Gracias a Dios también por todas las personas que caminan y han caminado con nosotras, especialmente en ese pintoresco pueblecito que se llama Miguel Esteban. Camino que han recorrido con nosotras, en más de setenta y cinco años que la congregación permanece allí, en donde las hermanas han vivido lo que el Señor un día nos prometió: quien deja casa, padre, madre, familia, etc… recibirá casa, padre, madre y el ciento por uno. Porque cada miguelete y migueleta ha sido eso para nuestras hermanas, su familia, esa que un día dejamos por seguir al Señor.

Gracias por su amistad, por su cariño, por su oración, por su apoyo desde que nuestro padre fundador recorrió esas tierras llevando al Señor en las misiones que realizaba. Porque una comunidad parroquial que apoya y ora por sus religiosas está contribuyendo a que esas hermanas vivan su entrega con gozosa alegría.

Gracias, gracias y gracias por ser parte de nuestra historia congregacional.

HNA. LETICIA QUINTERO HERNÁNDEZ
Superiora General de Cooperadoras de Betania.

Introducción

Seguramente podríamos contar por centenares las órdenes religiosas existentes en la Iglesia Católica, con una variedad enorme de características y funciones. En nuestro país se han extendido una multitud de ellas, con una difusión enorme tanto en extensión territorial y cantidad de fundaciones o comunidades como en el número de personas que las han integrado. Basta recordar el protagonismo que órdenes como Franciscanos, Carmelitas o Dominicos han tenido en la historia de España. Nuestro país ha sido origen, además, de algunas de las más importantes de ellas, como la Compañía de Jesús o de personajes tan relevantes en su desarrollo o gobierno como san Juan de la Cruz, santa Teresa de Jesús o san Ignacio de Loyola.

Más cerca de nosotros, en los pueblos de La Mancha encontramos comunidades de algunos de estos institutos religiosos. Destaca, sin duda, El Toboso, donde han permanecido las monjas clarisas hasta 2024[1], y donde contemplamos todavía habitado el imponente convento de la orden de las Trinitarias; sin olvidar la relevancia de los Agustinos hasta mediados del siglo XIX. En Quintanar se asentaron la orden franciscana de la TOR y las religiosas Trinitarias; y más recientemente otras como las Hermanas de Nuestra Señora de la Consolación, dedicadas a la enseñanza, o las Hermanitas de los Ancianos Desamparados que atienden el asilo. Podría-

---

1 Debido al reducido número de monjas que permanecían en este convento y a su avanzada edad, tomaron la decisión de trasladarse a otra comunidad. El 17 de noviembre de 2024 el Arzobispo de Toledo celebró una misa de acción de gracias en la iglesia del convento y finalmente el día 30 de dicho mes las religiosas abandonaron definitivamente El Toboso.

mos citar otras localidades cercanas como Alcázar de San Juan, Corral de Almaguer, etc…

Por el contrario, Miguel Esteban ofrece un panorama bien distinto. Ciertamente esta localidad ha aportado numerosos religiosos seculares y regulares, tanto en épocas históricas como en la actualidad. Pero no consta ninguna fundación erigida por alguna orden religiosa ni tenemos conocimiento de que haya existido convento o monasterio alguno, ni se conserva ningún resto material. Sin embargo esta situación cambia a mediados del siglo XX cuando se instalan en la localidad las Cooperadoras de Betania y, con el tiempo, levantan una casa propia conocida por los vecinos como "el convento". Así pues, esta congregación se convierte en el único instituto religioso que ha llevado a cabo una fundación en Miguel Esteban, que todavía hoy permanece.

Resulta, por tanto, interesante conocerla y darle el valor que tiene. Pero antes vamos a acercarnos a la historia de esta congregación.

Placa conmemorativa del centenario de la Congregación y del setenta y cinco aniversario en Miguel Esteban. Puerta principal de la casa.

CAPÍTULO 1

LOS FUNDADORES DE LA CONGREGACIÓN

1. D. PEDRO GARCÍA CERDÁN

El fundador de las Cooperadoras de Betania vino al mundo el 6 de julio de 1887 en Jarafuel, pequeño municipio de la provincia de Valencia, localizado en la comarca del valle de Ayora, limítrofe con la provincia de Albacete. Nació en una familia modesta, humilde, pero que vivía de forma desahogada, ya que Constantino, el padre, natural de la vecina localidad de Zarra, poseía un taller donde fabricaba herramientas y utensilios de madera, especialmente horcas, astiles y bastones. Tras el matrimonio con Isabel Cerdán, vecina de Jarafuel, decidieron establecerse en este pueblo, que ofrecía mayores posibilidades ya que en esta época, en la segunda mitad del siglo XIX, su población superaba incluso los dos mil habitantes. Formaron una familia muy extensa, en la que nuestro protagonista ocupaba el octavo lugar de los catorce hijos con que contaba.

Muy pronto, a los doce años de edad, el joven Pedro manifestó su intención de ser sacerdote por lo que en septiembre de 1899 ingresó en el Seminario Menor de Valencia. Allí completó los llamados estudios de "Latín y Humanidades", que constituían una modalidad de la etapa de Segunda Enseñanza desarrollada en una institución religiosa como preparación a los estudios eclesiásticos, que inició en 1902. Así finalizará los estudios de Filosofía en 1905 y cuatro años más tarde los de Teología, con resultados aceptables. En el curso siguiente, siendo ya sacerdote, perfeccionará su formación estudiando Derecho Canónico en la Universidad Pontificia de Valencia.

Fue ordenado sacerdote el 23 de diciembre de 1911, víspera de Nochebuena, día en que celebrará su primera misa en su localidad natal. Esta circunstancia influirá posteriormente en la congregación que va a fundar, ya que sus miembros renovarán sus votos coincidiendo con esta festividad.

Su actividad sacerdotal será algo diferente a la práctica habitual de la mayoría de sacerdotes diocesanos, pues tras dos años como coadjutor[2] en la parroquia de Casas del Río y ocho años ejerciendo como cura regente en la localidad de Cofrentes su ministerio tomará otro derrotero, que le llevará a abandonar esta actividad al frente de las parroquias para incorporarse como misionero eucarístico.

D. Manuel González, obispo de Málaga, había creado en 1918 la obra de los Misioneros Eucarísticos Diocesanos para favorecer la devoción a Jesús Sacramentado y la oración y acompañamiento ante el sagrario como prácticas fundamentales para reanimar la vida religiosa de los ciudadanos. Esta obra tendrá una enorme difusión y se extenderá a otros grupos sociales (mujeres, niños, jóvenes, etc…) durante los años veinte, para decaer hasta prácticamente desaparecer cuando su fundador abandone la diócesis malagueña debido a los sucesos ocurridos durante la II República[3].

En 1922 Pedro García Cerdán, junto con otros dos compañeros, se incorpora durante un mes a esta diócesis para conocer de primera mano la iniciativa. A su vuelta la introducirá en la diócesis de Valencia y se dedicará plenamente a ella durante seis años. Así, con la colaboración de otros sacerdotes diocesanos, recorre los pueblos y parroquias de la provincia con el objetivo de reavivar la vida religiosa y la participación en la Eucaristía.

---

2 Actualmente este cargo se denomina vicario parroquial.

3 Los ataques a edificios religiosos producidos en mayo de 1931 obligaron al obispo a marcharse de la ciudad y posteriormente trasladarse a Madrid. Desde la capital dirigió la diócesis de Málaga hasta 1935 en que fue nombrado obispo de Palencia, cargo que ocupó hasta su fallecimiento en 1940.

D. Pedro García Cerdán.

Esta experiencia resulta determinante en su pensamiento y marca un punto de inflexión en su vida sacerdotal, pues será la que cree las circunstancias adecuadas para alumbrar la idea de la futura fundación. El hecho de recorrer tantos lugares y parroquias distintos le permitió conocer directamente las difíciles circunstancias en que vivían y desarrollaban su actividad muchos sacerdotes y las necesidades más graves que tenían. Una de sus mayores preocupaciones fue la soledad en que vivían muchos de ellos, faltos de comunicación y de apoyo emocional y espiritual. A ello se añadían las tareas propiamente domésticas de organización del hogar, en las que frecuentemente encontraba serias carencias.

Esta toma de conciencia directa motivó en él la determinación de buscar una solución a estos problemas, lo que llevará a la fundación de las "Cooperadoras de Betania".

Disuelta esta obra misionera, Pedro García Cerdán fue nombrado capellán penitenciario en la iglesia del Patriarca de Valencia, puesto en el que se mantuvo, con el paréntesis de la Guerra Civil, hasta 1948. En ese año fue nombrado coadjutor de Quart de Poblet, lo que le permitió dedicarse a dirigir su fundación. Los últimos años de su vida los pasó en la casa de "Venerables Sacerdotes", que él mismo había fundado, con evidentes problemas de salud[4]. Finalmente falleció en esta residencia el 20 de enero de 1972, a los 85 años de edad.

2. LA MADRE JOSEFA RAQUEL PÉREZ MUÑOZ

Resulta evidente que la idea de fundar una congregación de religiosas necesitaba una mujer que la dirigiera. Esta función la va a cumplir Josefa Raquel Pérez Muñoz, que será también una pieza fundamental en este proyecto y considerada por sus miembros la "madre fundadora".

Si don Pedro García Cerdán es de origen valenciano, la madre fundadora nació en tierras muy diferentes. Minas del Horcajo es una pedanía perteneciente a Almodóvar del Campo y situada en el sur de la provincia de Ciudad Real, en plena sierra Madrona[5], a sólo siete kilómetros de la provincia de Córdoba. Esta aldea se desarrolló vinculada a la explotación del mineral de plata, fundamentalmente en la segunda mitad del siglo XIX y primeras décadas del siglo XX. Hoy está prácticamente despoblada y la mayoría de los edificios en ruinas, salvo algunas casas usadas por sus propietarios durante las vacaciones; pero en los años de mayor actividad minera la población llegó a alcanzar los 4.000 habitantes. Allí estuvo destinada como maestra durante algunos años Francisca Muñoz Donaire, natural de Fuencaliente (localidad próxima) y madre de nuestra protagonista, que nació en dicha localidad el 19 de marzo de 1892.

Su padre fue Lorenzo Pérez de la Morena, quien también ejercía el magisterio. Ambos contaban con otros tres hijos varones más. Se trataba de una familia profundamente católica en la que un número considerable de sus miembros había ingresado en el estamento eclesiástico, especialmente en el lado materno, donde se contaban hasta siete sacerdotes (tres tíos y cuatro primos) y una religiosa.

En este ambiente creció Josefa Raquel en la localidad de Almodóvar del Campo, donde vivía con su madre debido al temprano fallecimiento

4 En 1970 sufrió una trombosis que limitó considerablemente sus movimientos.

5 Una de las unidades de relieve que forman Sierra Morena.

de su padre. La hermana Julia Cano, que la conoció personalmente, la describe como una mujer "de mediana estatura, morena y físicamente agraciada"[6]. Pero la característica más destacada probablemente fuera su fuerte temperamento. De talante serio, estaba dotada de una enorme fortaleza y capacidad de decisión, y manifestaba, según sus biógrafos, un continuo vigor y energía en sus actuaciones, requisitos necesarios para las tareas que va a desempeñar en la fundación y dirección de esta empresa religiosa.

En 1921, cuando Josefa Raquel cuenta sólo 28 años de edad, falleció su madre; por lo que decidió trasladarse a vivir junto a su hermano Luis que trabajaba como maestro en la ciudad de Albacete. Y será en esta capital de provincia, en la que residió durante cuatro años, donde conocerá al Padre fundador.

Madre Josefa Raquel Pérez.

6 CANO CAÑABATE, Julia: Venid y descansad. Perfil biográfico de Don Pedro García Cerdán. Editado por Imprenta Nácher S.L. Valencia, 1986. Pág. 40.

Josefa vivió en esta ciudad manchega durante cuatro fructíferos años, en los que participó asiduamente en sus actividades religiosas y fue miembro de varias de las asociaciones allí afincadas (como el Apostolado de la Oración o el Rosario Perpetuo). En este ambiente despertó en ella una vocación a la vida consagrada que no acababa de discernir con claridad. También don Pedro García, liberado en esta etapa de actividad parroquial y dedicado a recorrer distintas zonas como misionero eucarístico, se trasladó durante un tiempo a Albacete para acompañar a una hermana suya, en donde dirigió retiros espirituales y otros tipos de predicaciones.

En estos encuentros religiosos ambos entraron en contacto y vislumbraron la coincidencia de sus proyectos e ideas (pues don Pedro pensaba en fundar una congregación y Josefa en abrazar la vida consagrada). Regresado el primero a Valencia, continuó la relación epistolar entre ambos hasta confluir en la decisión de llevar a cabo la creación de una nueva congregación de religiosas, para lo que Josefa debió trasladarse a vivir a Valencia en 1925. Desde entonces, convertida así en la Madre fundadora, toda su vida queda vinculada a las Cooperadoras de Betania, de las que fue Superiora General hasta 1962. Años más tarde falleció en Quart de Poblet el 5 de octubre de 1975.

CAPÍTULO 2

HISTORIA DE LA CONGREGACIÓN

1. ORIGEN

La congregación de las Hermanas Cooperadoras de Betania nace oficialmente el 10 de mayo de 1925. Pero hasta llegar a ese momento fue necesario un proceso de maduración y concreción que duró varios años.

Ya hemos señalado que a partir de 1922 don Pedro García queda liberado por su obispo de las tareas puramente parroquiales para ejercer su ministerio como "misionero eucarístico". Esta actividad hace que no esté destinado en ninguna localidad concreta; todo lo contrario, le obliga a viajar por distintos pueblos de Valencia y, en ocasiones, incluso de otras diócesis. Estos viajes lo pondrán en contacto con muchos sacerdotes y le permitirán conocer de primera mano la realidad de su vida en las parroquias, la mayoría de los cuales viven solos.

Así toma conciencia de que entre sus mayores problemas se encuentran la falta de atención personal y doméstica y la soledad e incomunicación entre ellos. Tengamos en cuenta que todavía los medios de comunicación son muy deficientes, el teléfono apenas se ha difundido, lo que dificultaba el contacto y los colocaba en una situación casi de aislamiento. Y finalmente concluye que, para facilitar su ministerio, es necesario corregir estas dificultades materiales: la ayuda en las tareas del hogar y el acompañamiento y atención personal.

Curiosamente la solución vendrá originada desde fuera. El propio don Pedro relató que la idea le fue sugerida por un sacerdote conocido suyo: "Me invitó el párroco de san Nicolás de Requena, don Alejandro García Vidal, a pasar unos días en una de las fincas del Hospital de Requena. Y paseando entre pinos y hablando de este asunto afirmó con toda seguridad que la solución al problema del servicio doméstico no se conseguiría mientras no se fundase una congregación religiosa para este fin"[7].

Convencido de la oportunidad de la idea y de que podía estar ante la solución adecuada decidió, no obstante, recabar el consejo y opinión de otros sacerdotes antes de ver las posibilidades de llevarla a cabo. Así expuso esta idea en primer lugar en una reunión con personas de su confianza: Francisco Martínez, párroco de Jalance, pueblo muy cercano al suyo, acompañado de sus hermanas, Rosario y Teresa, con quienes vivía, y José Soto Chuliá, que pertenecía a la orden de los Escolapios. Todos se mostraron de acuerdo y aportaron nuevas ideas, también la referencia al pasaje del evangelio en el que Jesús es recibido y atendido antes de la resurrección de Lázaro por dos hermanas, Marta y María, en la aldea de Betania (Lc 10, 38-41).

Posteriormente buscó la opinión de alguien con reconocida autoridad moral e intelectual entre el clero valenciano. Se trataba de José Bau, presidente de la Unión Apostólica[8], quien, además, le instó a exponer su proyecto ante esta asociación. Bien acogida la idea en esta importante organización clerical, fue finalmente presentada al obispo de Valencia, don Prudencio Melo y Alcalde, que le autorizó a ponerla en marcha.

---

7 CANO CAÑABATE, Julia: op. cit. Pág. 34.

8 La Unión Apostólica del Clero fue fundada en 1862 por el sacerdote francés Víctor Lebeurier en Paris. Aprobada y recomendada a todo el mundo por el Papa León XIII en 1880, se extendió con facilidad a otros países. En España aparece por primera vez en Mallorca en 1894 y posteriormente se crearán centros de la Unión Apostólica en otras diócesis. Esta asociación pretendía mejorar la vida espiritual y material de los sacerdotes y favorecer la relación entre ellos. CASAS Santiago: La Unión Apostólica del Clero en España. https://dialnet.unirioja.es (08/01/2025).

Mosaico alusivo al carisma de la congregación situado en la Casa Madre de Quart de Poblet.

La cuestión del nombre de la futura congregación también sufrió variaciones. En la primera reunión se planteó el título "Hermanas de Lázaro", dadas las alusiones realizadas a esa escena de la vida de Jesús. Sin embargo en un viaje posterior a la localidad de Huéscar (Granada) para impartir ejercicios espirituales en un colegio las religiosas de este le sugirieron el que sería el nombre definitivo sin desligarse del mismo pasaje de las Escrituras: Cooperadoras de Betania.

Resueltas todas estas cuestiones, finalmente se produjo el nacimiento de la nueva institución el 10 de mayo de 1925. Ese día en que la ciudad de Valencia celebra a su patrona, la Virgen de los Desamparados, Pedro García Cerdán, Josefa Raquel Pérez, el obispo de Valencia y un número muy escaso de mujeres celebraron la Eucaristía en el camarín[9] de la ca-

---

9 Se trata de una capilla pequeña situada detrás del altar donde se encuentra la imagen de la Virgen.

pilla de la Virgen. Con ese acto quedó instituida la obra de las religiosas "Cooperadoras de Betania".

Este es el relato de los hechos. Pero desde el punto de vista del análisis histórico, y observado con la perspectiva que otorga el paso del tiempo, podríamos decir que el origen de esta obra respondería a la imitación o adaptación a una causa concreta del modelo de congregación religiosa difundido durante el siglo XIX.

En esta centuria se produjeron en Europa trascendentales cambios socioeconómicos. Tras las revoluciones políticas y la revolución industrial se abre paso un nuevo tipo de sociedad que los historiadores llaman genéricamente "Edad Contemporánea". Los ciudadanos consiguen derechos políticos y sociales, las relaciones económicas cambian; y la antigua sociedad estamental es sustituida por la organización en clases sociales, basada en el poder adquisitivo de sus miembros. Aparecen nuevas profesiones, nuevos centros de trabajo y las barriadas urbanas crecen.

En esta sociedad en desarrollo surgen nuevas necesidades para la población, tanto de tipo educativo o sanitario como asistencial, que provocan también una respuesta por parte de la Iglesia (recordemos que el propio Papa León XIII escribió una encíclica sobre las condiciones económicas y sociales creadas en el siglo XIX[10]). En consecuencia se produce una eclosión de congregaciones religiosas de nueva creación. En los países occidentales (quizá especialmente en Francia) se fundan numerosos institutos religiosos que tratan de ofrecer su ayuda a la población que lo necesite, de extender la asistencia y promoción social y de compensar las carencias del Estado en este ámbito. Así son muy conocidas, por ejemplo, las congregaciones religiosas dedicadas a la enseñanza, que crearon multitud de colegios para extender la educación. En otros casos atendieron hospitales, residencias, etc.

Seguramente es en este contexto de proliferación de institutos religiosos y de atención a las nuevas necesidades de la sociedad donde se sitúa la idea de crear la nueva congregación de las Cooperadoras de Betania, que trata de imitar ese modelo de asistencia social por parte de la Iglesia aparecido en el siglo anterior y en este caso dirigido a una necesidad particular como es la de la atención y cuidado de los sacerdotes.

---

10 Se refiere a la encíclica <u>Rerum Novarum</u>, publicada en 1891.

2. Los primeros años

Tras esa fecha histórica y simbólica citada del 10 de mayo de 1925 comienza la andadura de las Cooperadoras, si bien en estos primeros años con características particulares. Jurídicamente posee el carácter de "pía unión", expresión con la que el Código de Derecho Canónico de 1917 designaba a las asociaciones de fieles que han sido erigidas para el ejercicio de alguna obra de piedad o caridad (c. 707, 1)[11].

Así pues, en sentido estricto, podemos afirmar que la obra primigenia fundada en 1925 no fue una congregación, sino una asociación de fieles, y que no adquirió dicho carácter hasta dos décadas más tarde. Por ello no fueron aprobadas tampoco las oportunas constituciones que organizaran la institución, sino que esta se regía por un "reglamento provisional" elaborado por los padres fundadores y del que no parece conservarse copia alguna[12]. Desconocemos por tanto su primera regulación jurídica.

En cuanto a los miembros que formaban esta asociación, es evidente que echó a andar con un número muy escaso de ellos, pues sólo tres hermanas más acompañaron inicialmente a la Madre fundadora. La primera de ellas fue Concepción García Rey, de origen gallego aunque vivía temporalmente en la provincia de Valencia donde conoció a D. Pedro en una de sus misiones. A continuación se incorporaron Damiana Robledo y Remedios Boltes, ambas valencianas. Por su parte, el fundador también utilizaba buena parte de su tiempo en atender su asociación, pues continuaba sin recibir la titularidad de ninguna parroquia, ya que hasta 1928 ejerció sólo como misionero eucarístico. Y en ese año, cuando esta obra desapareció en la diócesis, fue nombrado capellán-penitenciario de la capilla del Corpus Christi "El Patriarca".

Pocos años más tarde se incorporaron Dolores Villora y Teresa Martínez Ortiz, esta última hermana del párroco de Jalance, quien, como ella misma, había participado en aquellas primeras reuniones donde se perfiló la idea de fundar una congregación.

---

11 El código vigente en la actualidad no recoge esta expresión para regular las asociaciones de fieles.

12 José Aliaga especula con que debió desaparecer durante la Guerra Civil. Op. cit. Pág. 53.

Este pequeño grupo de atrevidas religiosas se estableció en un piso situado en el número 8 de la calle de Caballeros en la ciudad de Valencia. Los inicios de la obra fueron muy complicados y no estuvieron exentos de dificultades económicas. La pequeña pensión que Josefa Raquel percibía por ser huérfana de maestros constituía la base de su economía. Además elaboraban escapularios, de cuya venta obtenían algunos ingresos. Posteriormente recibieron el encargo de fabricar formas u hostias para las misas de la Cooperativa del Monte Pío del Clero, lo que contribuyó a aliviar su situación económica.

Casa Madre de la congregación en Quart de Poblet (Valencia).

De forma paralela en 1928 se produce el que quizá sea el hecho más determinante de este periodo (por su permanencia en el tiempo), ya que se lleva a cabo el traslado desde Valencia hasta la vecina localidad de Quart de Poblet. En este pueblo las hermanas consiguen adquirir una casa de mayores dimensiones en la plaza de la Cruz, que será el germen de la futura "casa generalicia" o Casa Madre. La mayor amplitud y mejores condiciones de este edificio les permiten vivir con mayor desahogo y sobre todo acoger, ya en 1935, a los primeros sacerdotes ancianos o enfermos, lo que significa cumplir uno de sus objetivos fundacionales.

Esta etapa inicial acaba con el estallido de la Guerra Civil que tanto sufrimiento trajo a nuestro país. Las hermanas se dispersaron y la casa, donde permanecía la hermana Josefa Raquel, fue registrada en varias ocasiones. D. Pedro se mantuvo oculto igual que hicieron otros sacerdotes. Pero no cabe duda de que durante estos primeros años la obra había comenzado a andar con firmeza y definido su carisma y su ámbito de actuación.

3. SEGUNDA ETAPA: DESDE 1939 HASTA LA ACTUALIDAD

Tras la Guerra Civil la obra de las Cooperadoras de Betania va a vivir una etapa completamente distinta a la anterior. Si los diez primeros años de existencia supusieron un lento y difícil afianzamiento del proyecto, desde la década de los cuarenta hasta los setenta asistiremos a lo que podríamos llamar la consecución de la madurez de la congregación.

Ciertamente en este periodo vive un crecimiento progresivo expresado en tres ámbitos: la formulación legal o normativa, el aumento de sus miembros y casas y la extensión geográfica de sus actuaciones.

Cuando la obra pía nació en 1925 contaba para organizar su funcionamiento sólo con un reglamento elaborado al efecto y validado por el obispo de Valencia. Sin embargo ahora se produce un salto cualitativo enorme, ya que el 18 de marzo de 1949 la sagrada Congregación de Religiosos con sede en Roma valida el proyecto de Constituciones presentado por las Cooperadoras de Betania y por tanto la posibilidad de convertirse en congregación religiosa.

De acuerdo con ello, casi un año más tarde, el 4 de febrero de 1950 el arzobispo de Valencia, don Marcelino Olaechea, firma un decreto en el que se señala *"por los presentes, venimos en erigir y canónicamente erigimos la Congregación de Cooperadoras de Betania, a tenor del canon 492 del Código de Derecho Canónico"*[13]. De esta manera la anterior obra pía es elevada a la categoría de congregación religiosa y reconocida así con pleno derecho dentro de la Iglesia Católica. Se trata, no obstante, de una congregación de

---

13 ALIAGA José: op. cit. Pág. 80-81.

derecho diocesano y no pontificio, ya que ha sido erigida por un obispo, bajo cuya autoridad se encuentra, y no por la Sede Apostólica de Roma[14].

En el mismo decreto se aprueban las Constituciones presentadas, que se convierten en el documento normativo que define el carácter de la nueva congregación y organiza su gobierno y forma de vida. No se trata, sin embargo, de un documento definitivo e inamovible. Al contrario, vendrá a ser modificado o sustituido cuando sea conveniente debido a la evolución vivida en la Iglesia. Así en 1971 son aprobadas unas nuevas Constituciones adaptadas a las prescripciones establecidas en el Concilio Vaticano II; y finalmente a mediados de la década de los ochenta será elaborada la última versión de las mismas[15], actualmente en vigor, y adaptada al nuevo Código de Derecho Canónico, aprobado en 1983.

De forma paralela a este asentamiento programático o legal se produce también un crecimiento cuantitativo de importantes dimensiones. Así en las décadas centrales del siglo XX la Congregación pone en marcha todo un rosario de nuevas fundaciones que multiplica considerablemente las dimensiones del instituto y sus posibilidades de actuación.

Si representáramos en un mapa todos estos nuevos centros podríamos observar que se localizan fundamentalmente en tres zonas determinadas. En primer lugar en Valencia, obviamente, provincia donde se había originado la obra y establecido sus primeros locales como hemos visto. Se añaden ahora la Casa de Ejercicios Espirituales de Onteniente (1946) o la parroquia de Potríes (muy cercana a Gandía) entre otras, junto a varias residencias sacerdotales.

La segunda zona es la de La Mancha, en sentido amplio, o quizá mejor la zona centro. Dentro de ella se instalarán en la localidad de Casasimarro

---

14 La diferencia entre congregación y orden religiosa se encuentra básicamente en que en esta última sus miembros emitían votos solemnes, que los unían a perpetuidad, mientras que en la primera se trata de votos simples o temporales que deben ser renovados cada año. Así lo establecía el Código de Derecho Canónico de 1917, en vigor cuando es erigida la Congregación de las Cooperadoras de Betania. No obstante, como señala el profesor Teodoro Bahillo Ruiz, en la actualidad, a partir del código de 1983, esta diferencia "ha perdido significado jurídico, pues las diversas familias religiosas han sido encuadradas bajo una misma expresión, institutos religiosos" (en BAHILLO RUIZ, Teodoro: <u>Congregación religiosa</u>. Universidad de Comillas. Pág. 1).

15 Aprobadas por el Arzobispo de Valencia, Miguel Roca Cabanellas, el 15 de julio de 1986.

(Cuenca) en el año 1948, donde se encargarán del servicio doméstico del párroco. Un año más tarde llegarán a Miguel Esteban y en 1954 abrirán una casa en Iniesta, también en la provincia de Cuenca. El año 1957 resulta especialmente fecundo pues las cooperadoras comienzan a desarrollar sus servicios en Villalgordo del Júcar (Albacete), en Toledo, en el barrio de Santa Bárbara (entonces situado en la periferia de la ciudad y con ciertos problemas de marginación) e incluso en la capital de España.

Las Cooperadoras de Betania en la localidad de Iniesta (Cuenca).

La tercera zona por donde se extiende la obra es la ciudad de Vitoria, donde abren una residencia sacerdotal y colaboran en la parroquia de san Miguel Arcángel. Lejos de estas zonas, también se instalarán las hermanas en Calatayud (Zaragoza) y, de forma temporal, en Ibiza. Esta cadena de fundaciones supone que la congregación supera ya su ámbito de actuación inicial, reducido a la ciudad de Valencia y sus alrededores, para extenderse por cualquier parte de la geografía nacional donde sean requeridos sus servicios.

¿A qué se dedican las Cooperadoras de Betania en todos estos centros? ¿Cuál es su labor? Lógicamente a cumplir sus objetivos fundacionales, especialmente la atención a los sacerdotes, tanto en las tareas domésticas como a los mayores y enfermos que se encuentran solos o sin familia. Además colaboran en las actividades parroquiales cuando se les permite o reclama para ello.

Al mismo tiempo este crecimiento casi explosivo en el número de las casas de la congregación se ve acompañado por un aumento similar en la cantidad de integrantes de la misma. En las localidades donde se han llevado a cabo estas fundaciones la presencia y labor de las hermanas despierta la inquietud religiosa en algunas jóvenes, que acabarán ingresando en la obra. Miguel Esteban es un buen ejemplo de ello, como veremos más adelante. De esta forma la congregación llegará a contar con más de ochenta hermanas, lo que supone su momento de mayor crecimiento.

A partir de los años setenta esta tendencia se invierte y en las décadas finales del pasado siglo las cooperadoras ven reducirse paulatinamente su número tanto por la falta de vocaciones como por los abandonos (secularizaciones) sufridos, fenómenos comunes al resto de instituciones de la Iglesia Católica en nuestro país.

Ante esta preocupante situación las religiosas llegaron a plantear soluciones sorprendentes como la posible fusión con otra congregación, en concreto con las Misioneras de Acción Parroquial (con sede en Burgos), con quienes se estableció relación en este sentido que no llegó a fructificar.

Más tarde, y con el consejo de don Marcelino Casas, asesor religioso de la congregación, tomaron una decisión arriesgada, pero que ha resultado enormemente exitosa, consistente en fundar casas en otros países alejados de España, especialmente latinoamericanos. Por ello en 1988 se establecen ya en México, en la ciudad de San Juan de Hueyapán, en el estado de Hidalgo, donde permanecerán hasta el año 2001. Y tres años más tarde abrirán un centro para sacerdotes transeúntes en la capital, en México D.F. En la actualidad sirven también en la catedral y en la sede arzobispal de la capital mexicana. De forma similar en 1998 se instalan en Lima, capital de Perú, en la parroquia de Santa María de la Providencia, donde colaboran en un colegio religioso.

Folleto informativo sobre la misión en Kenia.

Pero no sólo al continente americano han llegado los pasos de las Cooperadoras de Betania, también en África ha encontrado respuesta su llamada, pues en Kenia han fundado en el año 2017 una comunidad en Nakuru, la cuarta ciudad más grande del país, donde han regentado entre 2019 y 2025 un colegio diocesano que atiende a dos centenares de niñas e incluso ya han ingresado en la congregación varias jóvenes de este país.

Recientemente también se han establecido en el país vecino, en Tanzania, donde trabajan en la parroquia de Nansioukere, en la diócesis de Bunda, situada en el norte del país, limítrofe con el lago Victoria y muy cerca del Parque Nacional de Serengueti. Allí, además de colaborar en las actividades parroquiales, trabajan en un colegio diocesano de primaria y enseñan español e inglés a niños y mujeres; ya que el conocimiento de idiomas de origen europeo puede convertirse en una cualificación profesional importante dado el creciente volumen de turismo en la zona.

No se trata de un fenómeno aislado o circunscrito a esta institución, sino de un proceso general que está viviendo la Iglesia Católica en España (y en Europa occidental). En nuestro país alrededor de un 10% del clero procede de más allá de nuestras fronteras, lo que algunos periodistas califican como *"una misión de vuelta"*[16]. En el caso de las hermanas Cooperadoras de Betania este hecho ha supuesto un fortalecimiento de la congregación que les permite recuperar su actividad y su presencia. Por ello, en palabras de una de sus miembros, "la congregación hoy afronta el futuro con esperanza"[17].

Dentro de esta larga cadena de fundaciones hemos de destacar una a la que han dedicado siempre especial atención: el cuidado de los sacerdotes mayores, enfermos o sin familia. Por ello cuentan con varias residencias sacerdotales. La primera de ellas fue abierta junto a la "Casa Madre" en Quart de Poblet, denominada "Casa de Venerables Sacerdotes", y completada con otras dos en la ciudad de Valencia.

Residencia de sacerdotes "Venerable Agnesio" en Valencia.

La residencia "Venerable Agnesio" abrió sus puertas en la calle de las Trinitarias nº1 el 17 de noviembre de 1977. Más recientemente, en la mis-

---

16 MALAVIA, Miguel Ángel: Curas extranjeros: una misión de vuelta. En Vida Nueva nº 3390. 7 de diciembre de 2024. Pág. 8.

17 Entrevista oral con la hermana Teresa Kanini Wambua, originaria de Kenia, 8 de enero de 2025.

ma ciudad del Turia, el antiguo Hospital de Sacerdotes Pobres, fundado en 1394 por la Cofradía de Santa María de la Seu, fue remodelado por orden del obispo don Agustín García – Gasco y reconvertido en residencia para sacerdotes mayores o estudiantes con el nombre de "San Luis Bertrán". La atención y dirección de esta institución fue encomendada a las hermanas Cooperadoras de Betania desde su inauguración en el año 2004. Tampoco podemos olvidar otras residencias abiertas en ciudades diferentes de la geografía española, como en Toledo, Vitoria o en la calle de Alenza en Madrid.

Por último no haremos justicia a la labor de la congregación si olvidamos citar su trabajo en favor de las vocaciones sacerdotales. Esta tarea, presente en todas sus actuaciones, se plasmó sobre todo en la creación del Aspirantado Sacerdotal "Beato Juan de Ávila", inaugurado en 1942, que subsistió durante dos décadas. Estaba destinado a la formación de niños entre los nueve y trece años de edad que manifestaran intención de ingresar en el seminario.

En la actualidad la congregación de las Cooperadoras de Betania ha cumplido ya cien años de vida y festejó este aniversario con la celebración de una eucaristía en la basílica de la Virgen de los Desamparados de Valencia, el mismo lugar y de la misma forma en que inició su andadura en 1925, impulsada por la inspiración de don Pedro García Cerdán. Sólo la madre Josefa Raquel y un escasísimo número de mujeres lo acompañaron en aquel momento. Desde entonces muchos cambios y muchas experiencias ha vivido el instituto religioso en este siglo de existencia. Pero hoy esta congregación, de origen y querencia valencianos, extiende su vocación de servicio por cinco países y tres continentes. Por ello la congregación de las Cooperadoras de Betania, aunque continúa siendo modesta en sus dimensiones, se mantiene sólida en sus ideales y esperanzada en su futuro.

Celebración de la eucaristía en la basílica de la Virgen de los Desamparados de Valencia el 10 de mayo de 2025.

La comunidad de Betania en Tanzania, con la Superiora General y el Obispo de la diócesis de Bunda.

Un grupo de religiosas Cooperadoras de Betania, con la madre superiora y Marcelino Casas, junto a la Virgen de los Desamparados tras la celebración de la misa en acción de gracias por el centenario de la congregación.

CAPÍTULO 3

LA OBRA DE BETANIA EN MIGUEL ESTEBAN

1. Orígenes. Los primeros años

La presencia de las Cooperadoras de Betania en Miguel Esteban se extiende ya durante tres cuartos de siglo y corre paralela a la evolución de la congregación.

Esta presencia se inició en el año 1949. Pero cabe preguntarse: ¿por qué se instalaron en nuestra localidad? ¿cuál fue el motivo? ¿cómo es posible que en un pequeño pueblo de la provincia de Toledo conocieran una congregación de escasa trayectoria, origen valenciano y que apenas había sobrepasado esta zona de actuación? La hermana Julia Cano nos ha relatado una simpática anécdota que originó a la postre esta relación[18].

Conviene recordar que el párroco de Miguel Esteban era en ese momento don Modesto Huélamo Fraile, hombre de corta estatura y carácter resuelto, que vivía en la casa rectoral aneja a la iglesia. Esta parroquia, además, pertenecía a la diócesis de Cuenca[19]. Parece ser que una noche el obispo conquense, que recorría algunas localidades cercanas, se presentó sin aviso previo en Miguel Esteban con la intención de saludar al párroco. Este, sin noticia alguna de tan importante visita, fue sorprendido en la cocina en la rutinaria tarea de preparar la cena. Debió quedar impactado el prelado por esta situación, pues en el transcurso de esta visita relató a

18 Julia Cano, entrevista oral, 7 de julio de 2016.

19 La parroquia de Miguel Esteban fue territorio "nullius diocesis" por pertenecer a la orden militar de Santiago. Tras la desaparición de las órdenes militares fue integrada en la diócesis de Cuenca hasta la reorganización llevada a cabo en los años 1954 y 1955, que hizo coincidir los límites de la diócesis con los de la provincia civil.

don Modesto que conocía una congregación dedicada a atender a los sacerdotes y que se había instalado recientemente en Casasimarro (Cuenca) con buenos resultados.

Le recomendaba además el prelado que se dirigiera al párroco de dicha localidad para conocer de primera mano la experiencia. Recordemos que las primeras fundaciones de la congregación fuera de la provincia de Valencia se situaron en la diócesis de Cuenca, parte de la cual ya había recorrido su fundador como misionero eucarístico. Y fue este sacerdote conquense quien lo puso en contacto con don Pedro García. Tras varias conversaciones entre ambos se acordó finalmente que las religiosas se instalarían en Miguel Esteban y, en consecuencia, las Cooperadoras de Betania llegaron a la parroquia de San Andrés el 7 de enero de 1949, un día después de terminar las celebraciones de la Navidad.

Fueron tres religiosas las responsables de iniciar esta nueva aventura y de organizar su puesta en marcha. Conocemos los nombres de estas primeras fundadoras: las hermanas Teresa Martínez Ortiz, que procedía de Onteniente (Valencia) y más tarde fue la segunda Superiora General de la congregación tras la Madre Fundadora, Laura, natural de Casasimarro que era todavía muy joven, y Serafina Marqués, aragonesa, de mayor edad, que fue la encargada de la cocina.

A falta de casa propia se establecieron en la vivienda rectoral, ya que don Modesto les cedió para su uso exclusivo la planta superior de la misma, que contaba inicialmente con tres dependencias. Esta vivienda era un edificio de dos plantas construido en tapial, que había sido muy reformado en los años anteriores, tras la Guerra Civil en la que resultó deteriorada. No obstante, por su ubicación resultaba idónea para la labor de las monjas recién llegadas. La instalación de las religiosas hizo necesarios nuevos trabajos de reforma tanto en la planta superior (para obtener una celda más) como como en la planta baja y sobre la sacristía, en este caso para adecuar salones que sirvieran para las clases[20]. El coste total de la obra ascendió a 10.350 pesetas, de las cuales más de dos tercios, 7.000 pesetas

---

20 Podemos encontrar detallada esta reforma en: LUCENDO PATIÑO, Juan Luis: La parroquia de San Andrés Apóstol de Miguel Esteban, Toledo. Apuntes históricos. Edit. Bubok. Pág. 53-55.

exactamente, fueron aportadas por limosnas de los feligreses y el resto donado por la parroquia, *"dada la ventaja que para mí suponía el servicio de las religiosas, para mí y la Parroquia"*[21]. Este comentario registrado por don Modesto en un libro parroquial nos demuestra el agradecimiento y la valoración por parte del párroco de la llegada de las cooperadoras a Miguel Esteban.

Sólo un año después se produjo el primer relevo entre ellas, pues las hermanas Teresa y Laura regresaron a sus destinos anteriores, Onteniente y Quart de Poblet respectivamente, y fueron sustituidas por las hermanas Guadalupe, que procedía de Casasimarro, y Julia Cano, que sólo permaneció dos años en esta casa. En 1951, un año más tarde, la hermana Mª Isabel Duval se incorporó también a la comunidad (estas dos últimas llegarían a ser superioras generales de la congregación varias décadas después).

2. LA ACCIÓN PASTORAL

Fueron estas hermanas citadas anteriormente las encargadas de organizar las que serían sus actividades fundamentales durante muchos años. Además de la atención personal al sacerdote y el cuidado de la casa, se ocuparon de la atención y enseñanza de las niñas en edades muy tempranas. Recordemos que la educación pública en España era muy deficiente todavía en esa época, sobre todo en las zonas rurales, con un escaso número de maestros, a todas luces insuficiente, junto con agrupamientos muy numerosos y poco organizados. Resultaba habitual que muchos niños no estuvieran escolarizados de forma continua o asistieran a la escuela sólo cuando las faenas del campo o la climatología lo permitían, sin control por parte de la Administración. Además la actual etapa de educación infantil (hasta los seis años) no existía. Todo ello otorga a esta actividad de las Cooperadoras de Betania un innegable carácter social en beneficio de la población.

Por ello pusieron en marcha lo que hoy llamaríamos un colegio femenino, situado en las dependencias anejas a la sacristía. La hermana

---

21 Archivo Parroquial de Miguel Esteban (APME): <u>Libro de la Casa Rectoral y Templo Parroquial</u>. Pág. 3.

Guadalupe se encargaba de las más pequeñas, entre cuatro y seis o siete años (nivel denominado "párvulos"), en unas dependencias ubicadas en la parte posterior de la casa rectoral, junto al patio que comunicaba con la sacristía. Por su parte, la hermana Julia, que sólo contaba con dieciocho años de edad y estudiaba Bachillerato, reunía en un salón situado en la planta superior de la sacristía a las niñas mayores, hasta diez años de edad aproximadamente.

Así pues, son numerosas las migueletas que aprendieron las primeras letras gracias a las Cooperadoras de Betania, pues en estas clases enseñaban a leer, escribir, operaciones matemáticas básicas o Historia Sagrada; sin olvidar que las tardes se dedicaban a la costura y otras labores del hogar. Podríamos decir incluso que iniciaron las primeras escuelas de costura y de pintura en la localidad. Por tanto es innegable esta labor social que las religiosas llevan a cabo en Miguel Esteban pues colaboran en la escolarización de la infancia ya que el Estado no la garantiza todavía. Estas tareas (servicio doméstico y enseñanza) se mantienen sin interrupción durante las décadas siguientes, aunque con los oportunos relevos entre las hermanas.

Pero su actividad supera estos ámbitos y crece continuamente, en un contexto sociopolítico también favorable para esta expansión. Así las religiosas fueron extendiendo su labor hasta insertarse plenamente en la vida parroquial, pues su presencia en numerosas actividades pastorales y celebraciones resultó habitual. La catequesis, encuentros con jóvenes, actividades caritativas o misionales, junto con la participación en procesiones como la del Corpus Christi u otras festividades contaron también con la colaboración de las cooperadoras, hasta convertirlas en un elemento importante en la parroquia migueleta.

Contamos con algunas fotografías que testimonian toda esta labor, como la que vemos a continuación (o las que aparecen al final del capítulo):

Con un grupo de escolares preparados para una representación teatral en el patio del convento.

Los propios fundadores de la congregación visitaron nuestro pueblo en varias ocasiones, en las que don Pedro no olvidó tampoco su faceta de predicador y misionero a la que había dedicado su juventud. De hecho, durante la primera década dirigió ejercicios espirituales prácticamente todos los años al comienzo del curso escolar. Así lo demuestra la fotografía siguiente.

Los fundadores de la Congregación durante unos ejercicios espirituales.

Dentro de la acción pastoral llevada a cabo por las cooperadoras destacamos de forma especial su labor educativa. Tras la construcción del convento a principios de los años sesenta, en ese complejo de nueva planta las cooperadoras pusieron en marcha un verdadero centro de educación infantil, que contaba con infraestructura adecuada y equipamiento homologable al de cualquier colegio de la época. Durante dos décadas (años sesenta y setenta) atendieron a centenares de niños y niñas con edades comprendidas entre los cuatro y seis años, etapa previa a la escolaridad obligatoria (que se iniciaba a los seis años) conocida popularmente como "parvulitos", y más tarde y oficialmente como "preescolar". La enseñanza obligatoria se situaba entre los seis y los catorce años, por lo que la etapa preescolar no era atendida todavía por los centros públicos, lo que originaba una evidente necesidad social. De aquí se deriva, por tanto, la importancia y el valor de este servicio prestado por las cooperadoras.

LA CASA DE BETANIA

En el archivo municipal se conservan sendas actas de comparecencia en el ayuntamiento tanto de un constructor como del médico de la localidad para informar sobre "el estado de los locales destinados a escuelas de párvulos en el convento de religiosas Cooperadoras de Betania"[22]. En el primero de ellos, don Vicente García Fernández, como técnico albañil, declara que "dichas dependencias reúnen las debidas condiciones de seguridad"[23]. En el segundo, don César Rodrigo García-Pando, en calidad de Inspector Municipal de Sanidad, se pronuncia en el mismo sentido manifestando que las instalaciones citadas "reúnen las debidas condiciones de salubridad e higiene"[24].

Ambas comparecencias se produjeron el 19 de noviembre de 1964, ante el alcalde, don Mariano Ramírez Garay, asistido por el Secretario, don Benigno Martínez Yébenes, quienes también firman los documentos junto a los anteriormente citados. De este hecho concluimos no sólo que las dependencias escolares del convento estaban perfectamente dispuestas para esta actividad, sino también que se trata del inicio de la escuela creada por las religiosas. Por tanto podemos afirmar que en el curso 1964-65 comenzó la "escuela de párvulos" (hoy la llamaríamos de educación infantil) que las cooperadoras organizaron en el convento recientemente construido.

Hasta tal punto se consolidó y desarrolló este particular centro educativo (el "colegio de las monjas", como era llamado popularmente) que durante el año escolar 1971/72 fue impartido en él el primer curso de Educación General Básica[25]. Posteriormente, a lo largo de los años ochenta esta actividad decae debido a la implantación de la educación preescolar pública.

Por ello, y para adecuarse a las nuevas circunstancias, entre la segunda mitad de la década de los ochenta y primera mitad de los noventa atendieron a niños de dos y tres años de edad, ya que la educación preescolar

---

22 Archivo Municipal de Miguel Esteban (AMME), caja 1964-3, folios sueltos.

23 Ibidem.

24 Ibidem.

25 En 1970 fue aprobada la Ley General de Educación, que estableció los distintos niveles de enseñanza. La EGB configuraba la educación primaria organizada en ocho niveles educativos entre los seis y catorce años. Estuvo en vigor hasta que fue sustituida por la LOGSE, aprobada en 1990.

pública abarcaba sólo desde los cuatros hasta los seis años[26], prefigurando de alguna manera lo que más tarde serán los Centros de Atención a la Infancia municipales. Además durante estos años también prestaron un servicio de guardería en la época de vendimia. Miguel Esteban es una localidad con fuerte carácter agrícola, ocupado mayoritariamente por el monocultivo de la vid. Durante la época de recolección (entre septiembre y octubre) todos los miembros de la familia en edad laboral trabajaban en el campo en esta tarea, por lo que las familias no podían atender a los niños pequeños. Conscientes de esta necesidad, las religiosas ofrecían este servicio en las instalaciones del convento, a lo largo de la jornada laboral y durante todas las semanas que duraba la campaña de recolección, a las familias que lo precisaran.

Podríamos concluir, por tanto, que las cooperadoras no sólo manifestaron su vocación social, sino también que lo hicieron de forma atenta e innovadora, poniendo en marcha actividades adecuadas a las necesidades de cada momento, y que incluso se consolidarán o serán desarrolladas más tarde por otros agentes sociales o públicos.

En este sentido, y como demostración de su permanente servicio a la población, hemos de destacar a la hermana María Peiró, mujer tan bondadosa como entrada en años. Con su encorvada silueta, esta religiosa recorría a pie las calles del pueblo a cualquier hora del día, o incluso de noche, para visitar a los enfermos en sus casas. Perteneciente a una familia de sanitarios valencianos, sus rudimentarios conocimientos de medicina le permitían administrar la inyección de medicamentos prescritos a los enfermos ya que no había servicio de enfermería en la localidad.

Recordemos que a finales de los años setenta no existía aún el consultorio médico en Miguel Esteban y la asistencia sanitaria era realizada en las viviendas de los profesionales de la medicina. El puesto de enfermero estaba vacante durante aquellos años y ningún profesional se encargaba de esas tareas. En esa situación la vocación de servicio de las cooperadoras se materializó, una vez más, allí donde surgía una necesidad que atender.

Tras breves años de interrupción en la labor educativa de las cooperadoras, la hermana Santos atendió durante varios cursos un grupo reducido de

---

26 En la actualidad se inicia a los tres años.

niños de dos y tres años en la segunda mitad de la década de los noventa, ya que la escolarización de niños en este tramo de edad todavía no era contemplada por la Administración. Fueron los últimos grupos escolares de "las monjas". No obstante, el edificio conserva el patio al aire libre situado al fondo, aunque (valga como anécdota) sin el antiguo tobogán azul que había hecho felices a tantos niños décadas antes.

La hermana Santos con niños de tres años, el último grupo de escolares de "las monjas".

3. La fundación de la casa: el "convento"

Tras una década larga la presencia de las cooperadoras se había asentado y normalizado; pero a principios de los años sesenta van a vivir un acontecimiento que resultará determinante. Se trata de la construcción de una casa propia para la congregación. Ciertamente las hermanas se habían establecido y organizado en las dependencias facilitadas por el párroco (la planta superior de la casa rectoral y salones anejos a la sacristía); pero estas comenzaban a resultar insuficientes a la vez que algo incómodas para llevar a cabo su labor. Se plantea por tanto el traslado, pero ¿a dónde?

Como ha ocurrido en numerosas ocasiones en la historia de esta obra, la aparición de un donante viene a satisfacer sus necesidades e impulsar su crecimiento. En este caso Romualda Jiménez Carriazo era propietaria de un extenso solar heredado de sus abuelos, Ambrosio Jiménez y Antolina Casas. Estaba situado en la parte sur de la localidad, ya en las afueras de la misma, en una zona llana junto a una antigua y pequeña laguna estacional, que se inundaba en las épocas de lluvia[27].

Se trataba de una de las zonas de crecimiento del casco urbano, en esos momentos salpicada de cercados de uso agrícola y escasas viviendas, pero muy cerca del parque levantado unos años antes y cuya construcción había prolongado y convertido la calle de Santa Ana en un verdadero eje que articulaba el trazado del municipio. A través de esta vía quedaba unido en línea recta con la iglesia y el acceso se producía a través de la calle de Castilla. Así pues, el matrimonio formado por Matías Lara y Romualda Jiménez donó al instituto religioso una parte de este terreno para levantar la nueva casa[28].

Años más tarde, el 30 de septiembre de 1968, esta cesión fue completada con una nueva donación del mismo matrimonio, como atestigua el documento adjunto. Se trata de un terreno, obviamente sin construir, de 260 m2 de superficie aproximadamente, colindante hacia levante con el complejo conventual ya levantado. En realidad extiende la donación a la Congregación hasta completar el solar propiedad de Romualda Jiménez en sus límites sur y este en toda la profundidad del terreno cedido con anterioridad. La madre Elisa López de Ocáriz (considerada en el documento *"Superiora de la Congregación"*, aunque no hemos podido confirmar este cargo) es quien recibe la donación en nombre del instituto religioso, actuando como testigo la hermana Julia Cano, quien estaba a cargo de la comunidad de Betania en Miguel Esteban en ese momento, como había ocurrido en ocasiones anteriores.

---

27 Se trata del paraje conocido popularmente como el "codrío de Poñe". En la actualidad corresponde a las calles del Charco y de las Aguas.

28 Crónica de la comunidad de Betania en Miguel Esteban, sin paginar.

DOCUMENTO DE DONACION
-o0o-

En la villa de Miguel Esteban a treinta de Septiembre de mil novecientos sesenta y ocho. Reunidos de una parte, Dª.ROMUALDA JI MENEZ CARRIAZO, de profesión sus labores, asistida de su esposo, D. MATIAS LARA CASAS, al sólo objeto de concederle la licencia mari tal exigida en derecho, provistos de los Documentos de Identidad núms.3,681.804 y 70.706.167, expedidos el 21 de abril de 1967 y 14 de di iembre de 1.963, respectivamente; y de otra, la Reve—renda Madre Elisa López de Ocariz, Célibe, con Documento Nacional de Identidad núm.16,122.478,expedido el 25 de abril de 1.964,am- bas partes en pleno goce de sus derechos civiles y con la capa- cidad legal necesaria para efectuar este otorgamiento convienen lo siguiente:————————————————————————————————————

Encabezamiento del documento de donación.

Sobre dicho solar se levantó una nueva fundación de Betania, que ha sido conocida popularmente en Miguel Esteban como "el convento", y que contó con la ayuda económica de una cuestación popular realizada en la localidad para facilitar su construcción[29]. También recibió donativos en forma de material y mano de obra. Consistía en un complejo formado por tres partes diferenciadas: en el centro aparecía la vivienda propiamente dicha de las religiosas, formada por dos plantas con varias dependencias destinadas a dormitorios, cocinas y una sala común. A su izquierda, hacia el oeste, se levantaba una capilla cuyas dimensiones excedían ampliamente lo que hubiera sido suficiente para la comunidad de religiosas, por lo que desde el principio fue utilizado como segundo templo de la parroquia y

---

29 LUCENDO LARA, Matías: Hospital de campaña. Venid y descansad. En Alfa y Omega nº 1.142, 21-27 de noviembre de 2019, pág. 2.

en el que diariamente, a primera hora de la mañana, se celebraba misa abierta a todo el público.

Finalmente en el lado contrario se localizaba la parte dedicada a escuela y acción pastoral, pues contaba con dos grandes aulas, dotadas con mobiliario escolar (pizarra y pupitres), y dos salas de reuniones de tamaño más reducido. Las tres zonas quedaban dispuestas junto a un patio exterior, situado en el fondo del complejo (lado norte), donde con el tiempo se dispuso un tobogán.

Grupo de escolares en el patio de la nueva casa en la calle de Castilla, 1964.

La nueva casa de Betania en Miguel Esteban fue inaugurada en septiembre de 1963. Para este hecho tan significativo se trasladó a nuestra localidad el propio Padre Fundador, don Pedro García Cerdán, acompañado de varias religiosas de la congregación, especialmente de las que eran naturales de Miguel Esteban. Junto con el párroco de la localidad, don Modesto Huélamo, y el párroco de Casasimarro (Cuenca) trasladaron en procesión el Santísimo Sacramento hasta el nuevo convento, con la participación en la misma de numerosos vecinos (como aparece en la fotografía recogida más adelante).

Sin duda la construcción de este edificio supuso un importante impulso en la trayectoria de la congregación en Miguel Esteban, ya que aumentó y mejoró los espacios e instalaciones para su labor pastoral y social, además de proporcionarles una vivienda digna y confortable. Por otro lado, también demuestra hasta qué punto la labor de las cooperadoras contaba con la aceptación y el reconocimiento de los vecinos de la localidad, en la que se habían integrado plenamente.

Toda la actividad que las religiosas realizaban en el entorno de la casa rectoral fue trasladada a esta nueva edificación; y en ella se mantuvo (con las oportunas modificaciones) durante treinta años aproximadamente.

Ciertamente tres décadas más tarde este complejo sufrirá una profunda transformación que llevará a su reorganización completa. La construcción de un templo dedicado a la patrona de la localidad, Nuestra Señora del Socorro, y que albergara la imagen durante todo el año era un viejo sueño de los migueletes. La idea de levantarlo en el fondo sur del parque municipal, donde inicialmente se dispuso un terreno para ello, resultaba ya imposible pues las ordenanzas municipales lo impedían al tratarse de una zona verde con suelo no edificable, ni tampoco parecía ya el lugar más apropiado por el entorno que lo rodeaba. El proyecto permanecía en suspenso sin materialización posible.

Por otro lado, desde la segunda mitad de los años ochenta se venía planteando entre la feligresía y el párroco la conveniencia de contar con un segundo templo que aliviase la saturación que sufría la iglesia parroquial, hecho evidente en las festividades importantes especialmente, pero también en las celebraciones dominicales. El crecimiento de la población, tanto en términos demográficos[30] como la extensión del casco urbano, lo justificaba y lo hacía necesario. Sin duda un nuevo templo facilitaría el acceso al culto religioso de todos los vecinos.

Finalmente ambos proyectos confluyeron en uno solo y vieron la luz con la concurrencia también de las Cooperadoras de Betania, ya que cedieron una parte del solar donde había sido construida su casa para que fuera

30 El censo de población en 1990 es de 4710 habitantes, según el INE.

levantado en ella el nuevo templo dedicado a la patrona de la localidad (al que fue añadido además un pasillo de terreno del solar contiguo). Se trata de un acto de generosidad que debemos agradecer, y con el que las religiosas devolvían en parte aquella ayuda que ellas también recibieron para llevar a cabo su fundación en nuestro pueblo. Así, tras numerosas reuniones (en las que participaron la parroquia, la Hermandad de la Virgen del Socorro, representantes de la Congregación y del Ayuntamiento), y con diversas propuestas sobre la mesa, se concluyó que esta era la mejor opción posible[31].

Dentro de este proceso el 21 de noviembre de 1987 la Junta Directiva de la Hermandad de la Virgen del Socorro dirigió un documento a la Superiora de la congregación, la hermana Rita Nieves García, comunicándole la intención de construir una iglesia filial de la parroquia dedicada a la patrona de la localidad. En él solicitaba la cesión del terreno suficiente para construir el templo proyectado, añadiendo que "en todo momento se respetaría la habitabilidad de las hermanas en sus dependencias"[32]. Ante esta petición la Superiora General respondió con otro documento, fechado el 10 de enero de 1988, en el que comunica su respuesta afirmativa a la solicitud, "tras haber consultado con las hermanas del Consejo General y congratulándose de que Miguel Esteban piense en la construcción de una ermita para su patrona en parte del terreno que en otro tiempo nos cedió con generosidad una familia"[33]. Añade además que desean "que ella (la Virgen) sea venerada por los hijos de tan noble pueblo en ese lugar".

No obstante, a pesar de esa respuesta positiva, la hermana Rita Nieves indicaba la necesidad de determinar correctamente el emplazamiento del nuevo templo y sugería ubicarlo no donde se encontraba la capilla del convento, sino en el lado contrario del edificio, aprovechando la zona escolar; idea que fue aceptada.

---

31 La cuestión del solar situado en el parque y destinado a construir la ermita para la patrona fue resuelto al ser intercambiado por el solar de una vivienda frente a la iglesia, adquirida por el Ayuntamiento al efecto, y donde hoy se levanta el complejo parroquial con las viviendas de los sacerdotes, los salones de reunión y aulas de catequesis.

32 Crónica de la comunidad de Betania en Miguel Esteban, sin paginar.

33 Ibidem.

En consecuencia, entre los años 1989 y 1993 fue levantada la nueva iglesia, dedicada a Nuestra Señora del Socorro, que funcionaría también como templo anexo a la parroquia de san Andrés para las celebraciones de culto. Y finalmente fue inaugurada el 20 de junio de 1993, siendo párroco D. Alfonso Sánchez-Carpintero Gil y con la presencia del arzobispo de Toledo D. Marcelo González Martín, como testimonia una lápida colocada en el vestíbulo. Pasado el tiempo, la elección parece acertada, ya que su ubicación es completamente adecuada pues se encuentra en la zona sur de la población (la iglesia parroquial se sitúa en el extremo contrario, en el lado norte de la misma), lo que facilita el acceso de los vecinos de estos barrios más alejados del templo parroquial y, también, que las cooperadoras contribuyan a su cuidado y funcionamiento, ya que es contiguo a su vivienda.

Construcción de la nueva iglesia. Se puede observar también la primera casa de las religiosas y la capilla.

Cabe preguntarnos ¿qué ocurrió, entonces, con el complejo levantado en los años sesenta? ¿Dónde pasaron a residir las hermanas Cooperadoras de Betania?

Durante casi una década las religiosas continuaron viviendo en la casa anterior, situada en el número 12 de la calle de Castilla, ahora limítrofe con el nuevo templo, al que incluso se podía acceder desde el patio de la vivienda. Sin embargo, al final de esta etapa sufrieron el periodo de mayor inestabilidad en el mantenimiento de la comunidad en Miguel Esteban, hasta el punto de que la casa fue cerrada temporalmente.

A finales de los años noventa la guardería infantil fue cerrada y su actividad se centró en la parroquia. La avanzada edad de dos de las tres hermanas que formaban la comunidad (Librada y Santos) no les permitía trabajar con la pericia que ellas quisieran y era necesario. Más adelante, incluso, enfermaron y finalmente fallecieron. La hermana Carmen Cruz, último miembro de la comunidad, marchó a Quart de Poblet, aprovechando la reunión de todas las cooperadoras para celebrar ejercicios espirituales, pero ya no regresó.

En consecuencia, la casa fue cerrada en agosto de 2002 y así permaneció durante cuatro años, hasta 2006. El escaso número de miembros de la congregación y el envejecimiento de muchas de ellas no permitía otra opción. Seguramente fue el momento más difícil de la comunidad. Tras cincuenta y tres años de presencia ininterrumpida, la historia de Betania en Miguel Esteban parecía no tener continuidad. ¿Sería este su inesperado final?

Contrariamente a lo imaginado, la comunidad resurgió de nuevo cuatro años más tarde. Durante ese breve paréntesis en realidad la casa no permaneció olvidada por completo, sino que la congregación aprovechó el hecho de que se encontraba vacía para llevar a cabo una reforma integral de la misma, algo que era completamente necesario no sólo por el paso del tiempo, sino también para adaptar el edificio resultante tras la construcción del nuevo templo en la década anterior.

Así en enero de 2004 la Superiora General, María de los Ángeles Arredondo Izar, solicitaba la prescriptiva licencia de obras para llevar a cabo la reforma integral del convento. De acuerdo con el proyecto elaborado por el arquitecto don José María Casas Cámara el nuevo edificio mantendría "la superficie construida variando el uso de zonas actuales y preveía la sustitución de parte de la estructura para adecuarla al nuevo uso previsto"[34], además de acondicionar la fachada exterior. En este sentido, quizá el cambio más llamativo fue el desmontaje de la cubierta y forjado de la capilla antigua para transformar esa zona en un garaje y zona de aulas en la planta baja y dormitorios en la superior.

Tras esta reforma integral, en la planta baja se ubica la vivienda de las religiosas y la planta superior cuenta con ocho habitaciones que pudieran ser dedicadas a fines diversos (desde residencia de sacerdotes a albergue para actividades pastorales, etc...). Las obras fueron llevadas a cabo por el constructor de la localidad José Clemente Tirado Ramírez entre los años 2004 y 2006. El resultado fue un edificio rehabilitado por completo, diferente al anterior en estructura, dotación y apariencia exterior, que hoy seguimos contemplando.

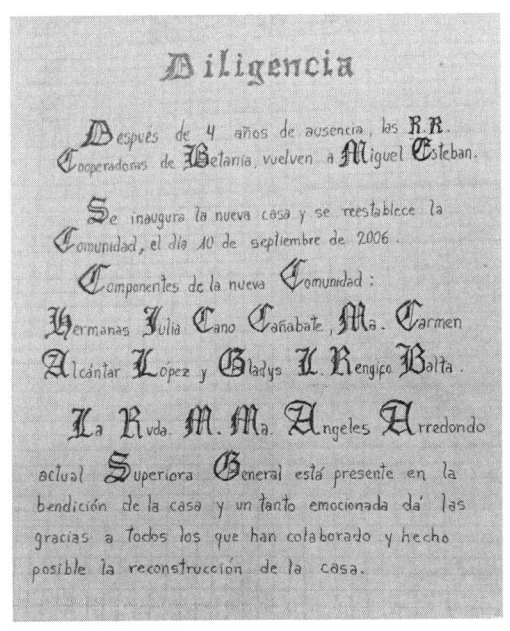

Crónica de la comunidad de Betania en Miguel Esteban.

34 AMME: Expediente obra del convento. Caja nº 1344. Año 2004, tomo 10.1.

Finalizadas las obras, las cooperadoras regresaron a Miguel Esteban y la casa de Betania reabrió sus puertas cuatro años después. La nueva comunidad estaba formada por tres religiosas: Julia Cano, que ya había formado parte de la misma en ocasiones anteriores, María del Carmen Alcántar y Gladys Rengifo, mexicana y peruana respectivamente, quienes llegaron acompañadas por la Superiora General en la tarde del 9 de septiembre de 2006, un día después de la festividad de la patrona de la localidad.

El día siguiente, última jornada de las fiestas patronales, la comunidad fue presentada en la misa celebrada en la iglesia construida junto al convento, tras el traslado de la imagen de la Virgen del Socorro desde la iglesia parroquial. A continuación el párroco, don Leocadio Yugo Paniagua, bendijo las nuevas instalaciones. Así, con este sencillo acto se abría un capítulo nuevo en la historia de la casa de Betania en Miguel Esteban. Curiosamente la hermana Julia Cano, que ya regía la comunidad cuando fue construido el primer convento, se encargaba también ahora de dirigir esta nueva etapa. La historia parecía repetirse.

En el siglo XXI las Cooperadoras de Betania continúan su presencia en Miguel Esteban, aunque lógicamente con los cambios que la congregación y la localidad ha experimentado. En primer lugar, sólo son dos religiosas las que residen de forma permanente en la comunidad, y además es habitual que procedan de otros países. Su labor principal es la atención a los sacerdotes y la colaboración en actividades pastorales y de culto.

Resultaría imposible hacer relación de todas las hermanas que han pasado por "el convento". Pero a todas ellas nuestro reconocimiento y nuestra gratitud por el servicio altruista que han prestado a los vecinos de esta localidad. Tras tantos años de presencia prácticamente ininterrumpida, Miguel Esteban se ha convertido en una de las principales fundaciones de la obra. La casa de Betania en Miguel Esteban sigue en pie, albergando nuevas posibilidades de futuro y, sobre todo, muchas esperanzas.

Uno de los primeros grupos escolares en el patio de la casa rectoral.

Con un grupo de niñas y jóvenes en la glorieta de la iglesia.

La hermana Santos con jóvenes bordando.

Las cooperadoras con jóvenes y niños en la puerta de la iglesia.

Inauguración del convento. Con ese motivo se desplazaron a Miguel Esteban el fundador de la Congregación y varias religiosas.

Procesión del Corpus Christi con niños de Primera Comunión.

Las religiosas con un grupo de jóvenes.

Las religiosas con un grupo de niños y monaguillos.

Cursillo prematrimonial en 1949.

La hermana Mª Isabel con un grupo de niñas a principios de los años cincuenta.

Excursión de la parroquia a Granada en 1975. Podemos ver al párroco, don Jesús Martín Tesorero, con las hermanas de la comunidad de Miguel Esteban.

Grupo de niños en el colegio del convento.

CAPÍTULO 4

MIGUELETES EN BETANIA

1. Las religiosas de la Congregación.

Desde aquel lejano septiembre de 1949 es mucho lo que las cooperadoras han aportado a nuestra localidad, tanto por la atención y colaboración en la parroquia como en otras tareas de formación de niños y jóvenes. Pero también los vecinos de Miguel Esteban han respondido con generosidad a la congregación, a la que acogieron con cariño, e integraron en la vida religiosa del pueblo de forma que no se sintieran ajenas a la localidad. Ha sido abundante la participación de los migueletes en las actividades que las hermanas han llevado a cabo, desde el colegio a las propiamente religiosas como retiros, ejercicios espirituales, etc…

Incluso un número considerable de jóvenes se sintieron seducidas por el carisma y el espíritu de la congregación hasta el punto de despertar en ellas la vocación a la vida religiosa. Sin duda la localidad vivió en los años cincuenta una primavera vocacional a la vida consagrada. También el ambiente general de la época en nuestro país lo favorecía. Hasta catorce chicas ingresaron durante este tiempo en la congregación. De esta forma podemos concluir que la fundación de Betania en Miguel Esteban ha constituido un fecundo viaje de ida y vuelta que ha enriquecido a ambas partes.

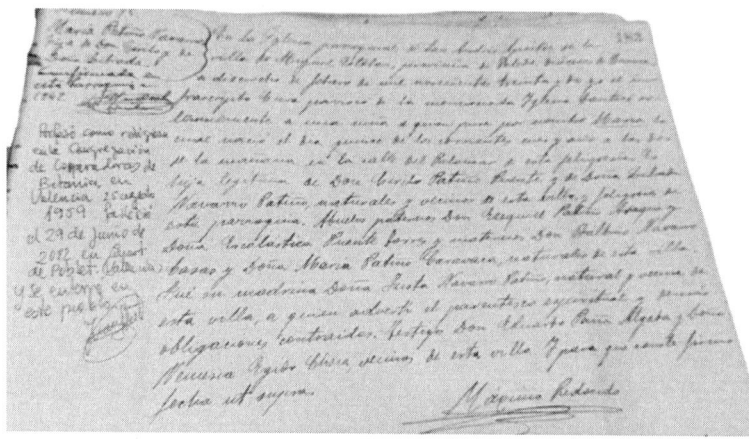

Partida bautismal de María Patiño Navarro (APME).

Relacionamos a continuación todas las Cooperadoras de Betania (incluyendo algunas que acabaron abandonando el instituto religioso) procedentes de Miguel Esteban. Son las siguientes:

- María de la Cruz Oliva Torres (27/abril/1922 – 23/junio/2017)
- Librada Oliva Torres (23/septiembre/1922 – 7/octubre/2002)
- Esmeralda Navarro Torres (13/marzo/1933 – 26/diciembre/2018)
- Ángeles Flores Hernández (12/febrero/1927 – 15/agosto/2024)
- Gloria Flores Torres (22/mayo/1936)
- María (Mª del Rosario[35]) Patiño Navarro (15/febrero/1932 – 29/junio/2022)
- María Josefa Torres Torres (11/diciembre/1935–)
- María (Mª del Socorro[36]) Tirado Rescalvo (20/junio/1927)
- Lucila Agustina Mayoral Flores (10/mayo/1936 – 20/agosto/2008)
- Vicenta Torres Martínez (21/julio/1927 – 21/octubre/1993)
- Enriqueta Ramírez Boga (El Toboso, 27/enero/1927–)
- Victoria Araceli Yébenes Fernández (26/diciembre/1937–)

35 Nombre religioso. Antes del concilio Vaticano II era frecuente, sobre todo en las órdenes religiosas, que las monjas cambiasen su nombre al hacer los votos.

36 Nombre religioso.

- Felicidad Cantero Muñoz (21/julio/1931 – 5/enero/2018)
- Gloria Huertas Torres (4/marzo/1934 – 18/junio/2023)

La actividad de las Cooperadoras debió causar impacto en la población migueleta, pues muy pronto comenzaron a despertar las vocaciones religiosas. Y esta congregación ofrecía una posibilidad cercana y real para desarrollar esa inquietud. De hecho, antes de que se cumpliera el tercer año de presencia del instituto en Miguel Esteban ya se había producido el primer ingreso de una novicia originaria de nuestra localidad. Y al finalizar la primera década otras siete jóvenes más habían seguido sus pasos, como podemos observar en la tabla siguiente:

	FECHA DE INGRESO	FECHA DE PRIMERA PROFESIÓN
María de la Cruz Oliva Torres	19/marzo/1952	23/septiembre/1953
Esmeralda Navarro Torres	19/marzo/1953	24/septiembre/1954
María Josefa Torres Torres	19/marzo/1953	24/septiembre/1954
Enriqueta Ramírez Boga	19/marzo/1954	26/septiembre/1955
Ángeles Flores Hernández	23/marzo/1954	24/noviembre/1955
Lucila Mayoral Flores	26/octubre/1956	15/julio/1958
Gloria Flores Torres	24/junio/1957	3/enero/1959
María del Rosario Patiño Navarro	25/agosto/1959	6/abril/1961

Profesión de la hermana Ángeles Flores.

2. EL ASESOR RELIGIOSO

Entre los vecinos de Miguel Esteban vinculados a la congregación de las Cooperadoras de Betania hemos de citar un caso especial. Se trata del sacerdote Marcelino Casas Puente, que mantuvo una relación particular con la obra, ya que en el año 1985 fue nombrado asesor religioso de la congregación.

Desaparecido una década antes el Padre fundador y fallecido también D. José Mengual Sendra, designado por aquel sucesor en la dirección espiritual de la obra, dicho puesto permanecía vacante. Este sacerdote miguelete y la intensa labor que venía desarrollando desde la parroquia de La Guardia (Toledo) eran conocidos por muchas de las hermanas y gozaba de ascendencia entre ellas. Por ello, con la pertinente autorización de los arzobispos de Valencia y Toledo, don Miguel Roca Cabanellas y don Marcelo González Martin respectivamente, fue elegido asesor religioso de la Congregación, cargo que ejerció sin abandonar su ministerio como sacerdote diocesano en Toledo[37]. En ese momento ocupaba el cargo de Superiora General de la obra la hermana Julia Cano, que había trabajado durante años en Miguel Esteban.

Sin embargo, y curiosamente, la relación de este sacerdote con las cooperadoras venía ya de muy atrás en el tiempo. Incluso podríamos decir que el origen de su vocación sacerdotal se encuentra también unido, si no motivado, a la labor de la Congregación. Cuenta la hermana Julia Cano[38] que cuando ella llegó a Miguel Esteban (en 1950) pusieron en marcha una especie de aula para atender niños que pudieran sentir vocación al sacerdocio y prepararlos para ingresar, si esa fuera su decisión, en el seminario. Era esta una práctica habitual de las hermanas en las localidades donde estaban presentes. De hecho en 1942 García Cerdán había puesto en marcha con este mismo objetivo el Aspirantado Sacerdotal Juan de Ávila, que subsistió en Quart de Poblet durante veinte años. Un reducido número de niños integraron este grupo en Miguel Esteban. Allí estaban Tomás Lara, Pedro Patiño, Sandalio Lara, Martín Garcés y otros más. Varios de ellos acabaron alcanzando el sacerdocio, entre los que se encontraba Marcelino Casas.

Como asesor religioso de las cooperadoras este sacerdote miguelete fue también el inspirador y responsable de una de las decisiones que más trascendencia han tenido en la historia de la congregación. A partir de los años setenta esta obra sufría, como otras muchas órdenes, una preocupante escasez de vocaciones y un considerable descenso en el número de sus miembros.

---

37 De hecho, poco más tarde fue nombrado párroco de Quintanar de la Orden, localidad que triplica en número la población de La Guardia, su parroquia anterior.

38 Entrevista oral realizada el 7 de julio de 2016.

Don Marcelino Casas y la Superiora General, Leticia Quintero.

Para intentar corregir esta circunstancia, y también recogiendo el carácter misionero de su fundador, Marcelino propuso a las cooperadoras dirigirse a países latinoamericanos para realizar fundaciones en ellos y extender allí su presencia, idea que fue bien aceptada. Y para ello puso en contacto a las religiosas con la "Confraternidad de los Operarios del Reino de Cristo", obra sacerdotal de origen mexicano pero con importante presencia en la diócesis de Toledo, donde cuenta con una fundación y seminario en la localidad de Olías del Rey, muy próxima a la capital. Incluso viajó a México en 1988, acompañado por las hermanas Vicenta

Torres y Arancha Urquiola, para valorar las posibilidades de fundar con éxito en aquel país e iniciar contactos con las autoridades. Así el 30 de octubre de dicho año cuatro cooperadoras llegaban a S. Juan de Hueyapan, en el estado de Hidalgo, y se instalaban allí. Y sólo un año más tarde, en agosto de 1989, las cuatro primeras novicias de origen mexicano viajaban a la casa madre de Quart de Poblet.

El asesor religioso tuvo que viajar a México prácticamente todos los años para atender esta comunidad, que continuaba creciendo. Visto con la perspectiva de hoy, podemos concluir que este "giro misionero" de la obra, que la llevó también a otros países como Perú o Kenia, supuso un acierto indudable, pues fortaleció a la congregación tanto en términos cuantitativos (aumentó el número de miembros y garantizó su supervivencia) como cualitativos, pues extendió su campo de actuación.

Sin duda la presencia y colaboración de don Marcelino Casas como asesor religioso resultó fundamental en el desarrollo y crecimiento de la congregación. Tras más de dos décadas ejerciendo este cargo, su nombre ocupa un lugar de privilegio en la historia de este instituto religioso.

Las Cooperadoras de Betania son una congregación humilde que cuenta ya con cien años de vida, setenta y cinco de los cuales han estado presentes en Miguel Esteban con una fructífera relación como acabamos de ver. La casa de Betania en Miguel Esteban, única fundación conventual en esta localidad, sigue abierta. Modestamente forma parte ya de su historia, y también de su futuro.

Siempre agradeceremos a estas sencillas mujeres haber dedicado su vida a servir a los demás. Gracias por atender la Iglesia y a los vecinos de Miguel Esteban, por enseñarnos las primeras letras y porque las puertas de la casa de Betania siempre están abiertas para todo el que lo que necesita. Confiamos en que permanecerán así muchos años más.

Las hermanas Mª Josefa, Mª de la Cruz y Ángeles.

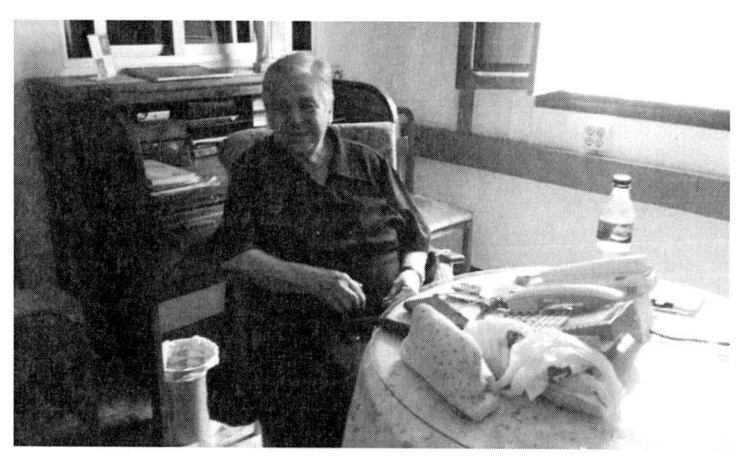

La hermana Esmeralda Navarro en Quart de Poblet.

Hermana Vicenta Torres.

Hermana Ángeles Flores.

La hermana Julia Cano en la actualidad, una de las primeras en llegar a Miguel Esteban.

Mª del Rosario Patiño con la hermana Mª Blanca Arredondo, que fue Superiora General (2000-2012), y otras religiosas en una cena de Manos Unidas en Miguel Esteban.

Librada Oliva Torres.　　　　Lucila Mayoral Flores.

La hermana Ángeles Flores en una celebración de la Inmaculada en Miguel Esteban.

La hermana Valeriana Leal (a la derecha) permaneció doce años en la comunidad de Miguel Esteban, en tres momentos diferentes.

La comunidad de Miguel Esteban con el párroco, Juan Antonio López Pereira, y la Superiora General, Eva Cano, en el año 2024.

Bibliografía y fuentes

ALIAGA GIRBÉS, José: <u>Cooperadoras de Betania para participar en la vida de la Iglesia.</u> Imprenta Nácher, S.L. Valencia, 2015.

CANO CAÑABATE, Julia: <u>Venid y descansad. Perfil biográfico de D. Pedro García Cerdán.</u> Imprenta Nácher, S.L. Valencia, 1986.

Archivo Parroquial de Miguel Esteban (APME).

Archivo Municipal de Miguel Esteban (AMME).

Archivo fotográfico personal de Javier Flores Casas.

Archivo personal de Matías Lucendo Lara.